Stephanie Schneider

DER KLEINE SCHULSTRESS-BERATER

Wie Sie und Ihr Kind entspannt durch die Schule kommen

Mit Illustrationen von Kai Pannen

Kösel

Es ist nicht die Angst vorm Verlieren, die dich zum Sieger macht, sondern die Lust aufs Gewinnen.
Jürgen Klopp, Fußballtrainer

Inhalt

Vorwort

Manche Autoren schreiben ihre Bücher mit dem PC, andere mit der Hand und wieder andere mit dem Ehrgeiz, es möge ein Bestseller werden. Ich habe dieses Buch vor allem mit sehr viel Herzblut geschrieben. Außerdem sind meine Erfahrungen als zweifache Mutter und Lehrerin mit eingeflossen. Bis ich 2004 meinen Kindheitstraum vom Bücherschreiben verwirklichte, war ich nämlich Lehrerin in einer Grundschule in der Nähe von Hannover. Damals dachte man bei G8 noch an Industrienationen und über Pisa sprach man höchstens im Italienurlaub.

Seitdem hat sich vieles verändert. So manches ist besser und moderner geworden. Allerdings gibt es auch immer häufiger Momente, in denen sich mein gesunder Menschenverstand zu Wort meldet und murrt: Ist es wirklich gut, wenn wir unsere Kinder zu kleinen Erwachsenen machen, die sich schon im Sandkasten auf ein »Bildungsprofil« festlegen müssen, und Achtjährige in den Sommerferien zur Nachhilfe statt zum Schwimmen gehen?

Dieses Buch ist für Eltern geschrieben, die das Beste für ihre Kinder wollen. Und die unsicher sind, ob und wie weit sie jene Angst- und Stress-Spielchen mitspielen müssen, die

die Medien und manche besonders ehrgeizigen Eltern verbreiten.

Politiker fordern objektive Zahlen, um zu sehen, ob wir im internationalen Vergleich bestehen können. Aber Kinder brauchen keine Statistiken. Sie brauchen vor allem Zeit. Zeit zum Schlafen, zum Spielen, zum Lernen und zum Nichtstun. Dann entwickeln sie sich gesund und international konkurrenzfähig.

Nur wenn wir es schaffen, ab und zu den Stress vor die Tür schicken, ist im Kinderzimmer wieder Platz für die Erkenntnis: Lernen macht Spaß! Dieses Buch ist bewusst knapp gehalten und bietet Platz für erste Ideen und Gedankenanstöße. Vielleicht kann es Ihnen und Ihrem Kind Lust darauf machen, sich mit mehr Gelassenheit ins »Abenteuer Bildung« zu stürzen.

Ihre Stephanie Schneider

Wir wollen glückliche Kinder

In vielen Familien ist Schule in den letzten Jahren zum alles beherrschenden Thema geworden. Die Gesellschaft signalisiert Eltern: »*Sie* entscheiden über die Entwicklung Ihres Kindes. Mit Ihrem Engagement steht und fällt sein schulischer Erfolg und damit auch seine Zukunft.«
So investieren wir Eltern viel Zeit und Geld für die Organisation der Hausaufgaben, für Lernspiele und Nachhilfe. Und insbesondere Mütter fühlen sich ungefragt von der Schule in die Pflicht genommen, eigene Interessen zurückzustellen, um da zu sein und ihre Kinder als »Hilfslehrerinnen« mehr schlecht als recht zu fördern, anzutreiben und bei der Stange zu halten.
Dieses Engagement hat seinen Preis: Nicht nur viele Kinder, sondern auch deren Eltern leiden heute unter Schulstress.
Was also tun?

••••• Das beste Mittel gegen Schulstress ist ein entspanntes Zuhause. •••••

Aber das ist leichter gesagt als in die Realität umgesetzt, nicht wahr? Glaubt man Fachleuten, dann bekommt man heute ohne Abitur ja nicht einmal mehr eine Portion Pommes, geschweige denn einen Friseurtermin. Kein Wunder, dass wir verunsichert sind und leicht mal übers Ziel hinausschießen. Dabei wollen wir als Eltern eigentlich alle nur eines:

Wir möchten, dass unser Kind glücklich ist.
Wir wollen ihm Frust und Kränkungen ersparen. Wir wollen, dass es eine schöne Kindheit hat und alles lernt, was nötig ist, um sein Leben einmal sorgenfrei und selbstbestimmt zu meistern.
Machen Sie sich bewusst: Gute Schulleistun-

gen haben nicht automatisch etwas damit zu tun, ob es mir als Erwachsener gut geht. Es gibt Fünfzigjährige mit Doktortitel, aber ohne Job und Freunde. Es gibt Menschen, die ohne Schulabschluss und große Finanzpolster den Weltrekord in guter Laune halten. Und es gibt Persönlichkeiten wie Einstein oder Picasso, die es trotz Schulversagens zu großem Ansehen und Erfolg gebracht haben. Überschätzen Sie unser Bildungssystem nicht:
Ob mein Kind ein glücklicher und patenter Mensch wird, das hängt nicht in erster Linie von seinen schulischen Erfolgen ab.

Schule ist kein Selbstzweck. Sie ist nur *einer* von mehreren Wegen, um uns zu klugen und sympathischen Menschen zu machen.

Viel wichtiger ist es, dass es unserem Kind *heute* gut geht. Das ist nämlich die beste Voraussetzung dafür, innere Stärke zu entwickeln und sein Leben lang mit Erfolg dazuzulernen.

Du bist mehr als die Vier im Diktat

Von Geburt an versuchen Kinder herauszufinden: Wer bin ich? Eltern sind dabei wie ein Spiegel, in dem Kinder die Antwort auf die Frage nach sich selbst suchen.

Welche Antwort kann Ihr Kind aus Ihrem Verhalten ablesen?

Wie sehen mich meine Eltern? Bin ich die Vier im letzten Diktat, oder bin ich mehr? Wird beim Abendbrot nur über Schule geredet? Oder auch über andere wichtige Themen wie Urlaub, Atompolitik und das Paarungsverhalten von Lakritzschnecken? Was ist wichtig genug, damit meine Eltern ihre momentane Beschäftigung unterbrechen und mir ihre Aufmerksamkeit schenken?

Kinder brauchen weit mehr als Folsäure und Förderarbeitshefte, um sich gut zu entwickeln. Sie brauchen auch Besuche bei Oma, Langeweile, Tofuschnitzel, Badewannengespräche über Schuppenshampoo und den Sinn des Lebens, Ohrenärzte, Supermärkte und Regenwurmbeerdigungen. Lassen Sie Ihren Sohn oder Ihre Tochter spüren:

> »Du bist sehr viel mehr als diese Vier im Diktat. Du bist ein wundervoller Mensch mit unzähligen Facetten, Talenten und Eigenarten.«

Manchmal stellen Eltern bedrückt fest, dass die Beziehung zu ihrem Kind im Laufe der Jahre schleichend zur reinen »Schulbeziehung« geworden ist und dass es in Alltagsgesprächen fast nur noch um die Hausaufgaben oder anstehende Tests geht.

Reden Sie doch mal probehalber 24 Stunden nicht von Schule. Die Reaktionen Ihrer Familie werden Sie überraschen!

Schreiben Sie Listen

»Putz dir die Zähne, pack dein Pausenbrot ein. Hast du deine Hausaufgaben gemacht?« Jeden Tag leiert man die ewig gleichen, eigentlich selbstverständlichen Erledigungen herunter. Das nervt Kinder genauso wie deren Eltern.

Meine Tochter hat in unserer Familie für Abhilfe gesorgt. Sie bestand damals darauf, dass ich ihr eine Liste mit allen notwendigen Punkten aufschrieb, die sie morgens vor der Schule zu erledigen hatte. Diese Liste unter einer selbstklebenden Folie wird von meiner Tochter bis heute benutzt. Mit einem abwischbaren Folienstift hakt sie die einzelnen Punkte ab, bevor sie sich auf den Weg zur Schule macht. Inzwischen hat sie sie längst selbstständig durch eigene Dinge ergänzt: »Freitag: Sporttasche!« Oder »Handy ausgestellt?«

Solche Listen können je nach Alltag und Alter des Kindes ganz unterschiedlich aussehen.

Meine Hausaufgaben

- Ranzen holen
- Brotdose aus dem Ranzen nehmen
- Hausaufgabenheft: Was habe ich auf?
- Hausaufgaben machen und abhaken
- Tasche für den nächsten Tag packen

Mareks Morgenliste

- Zähne putzen
- Haare bürsten
- Schulbrot einstecken
- Fahrradschlüssel einstecken
- Jacke anziehen
- Fahrradhelm

Eltern als Hilfslehrer?

Oft hört man: Mit dem Einsatz der Eltern steht und fällt der Schulerfolg des Kindes. Und tatsächlich fühlen sich Eltern oft ungefragt als Hilfslehrer herangezogen. Sie fördern und fordern, fragen ab und legen vor der Klassenarbeit noch einmal eine Sonderschicht ein.
»Die Schule erwartet das einfach«, klagt meine Freundin Anne. »Die gehen davon aus, dass zu Hause Eltern sind, die sich ständig kümmern können. Oder was glauben die sonst, wenn sie Kinder in der zweiten Klasse etwas aus dem Internet raussuchen lassen?«

Wenn wir Eltern ständig drängeln und antreiben, dann werden die Leistungen unserer Kinder vielleicht ein kleines Stück besser. Und die Stimmung ein großes Stück schlechter.

Das Ganze hat weitreichende Folgen: Gerade die Mütter der Mittelschicht lassen sich durch die gestiegenen Ansprüche in die Pflicht nehmen. Nicht selten stellen sie berufliche Ziele zurück, um nach Schulschluss zu Hause zu sein und sich kümmern zu können.
Glaubt man den aktuellen Diskussionen, dann ist es lediglich eine Frage des guten Willens und des richtigen Lernspiels, jedes Kind zwischen Kinderarzttermin und Abendbrot noch

schnell dazu zu bringen, das Klassenziel zu erreichen.
Meine Erfahrung ist eine andere. Ich bin überzeugt davon, dass Eltern sehr viel Gutes zur Entwicklung ihrer Kinder beitragen können. Aber in vielen Situationen ist der gute Wille einfach größer als unser tatsächlicher Einfluss. Was darunter leidet, ist die Beziehung:
Gehen wir die Sache anders an und konzentrieren uns auf das Wesentliche: Wir können keine Bestleistungen aus dem Hut zaubern. Aber wir könnten viel dazu beitragen, welche Familienstimmung bei uns zu Hause herrscht. Ein Kind, das sich wohl fühlt, hat den Kopf frei und ist garantiert sehr viel motivierter bei der Sache.
Setzen wir die gute Beziehung zu unserem Kind an die erste Stelle und belasten wir sie nicht übertrieben oft mit leidigen Schulthemen.

Elterliches Engagement und Unterstützung sind gut. Lassen wir uns jedoch nicht länger einreden, wo ein Wille sei, da sei auch ein Weg und es läge nur an uns Eltern und unserem Engagement, ob unser Kind in der Schule Erfolg hat!

Seien Sie Fahrlehrer und nicht Chauffeur

Viele Eltern fragen sich: »Wie können wir unsere Kinder unterstützen?« Sie springen nachmittags ins Auto und holen Ersatz für das vergessene Schulbuch bei einem Klassenkameraden ab. Sie organisieren die Miesmuscheln für das Nordsee-Referat. Und sie fischen Nacht für Nacht in den Tiefen der Schultasche nach halb leer gegessenen Brotdosen und möglichen Infobriefen zur nächsten Klassenfahrt.

Unterstützung ist super, doch Vorsicht! Es besteht für engagierte Eltern wie uns sehr leicht die Gefahr, sich zu sehr einzumischen und unseren Kindern alle Schwierigkeiten abnehmen zu wollen. Schule ist nicht dazu da, uns Eltern zum Arbeiten zu motivieren, sondern unsere Kinder.

••••• Das größte Erziehungsziel für Eltern ist es, sich selbst überflüssig zu machen. •••••

Das heißt, Kindern die Probleme nicht abzunehmen, sondern ihnen Werkzeug in die Hand zu geben, damit sie diese selber lösen können. Jeder Handgriff sollte ein kleiner Beitrag dazu sein, dass wir Eltern uns überflüssig machen.

Sehen Sie sich als Fahrlehrer und nicht als Chauffeur.

Das ist manchmal gar nicht so einfach. Beispielsweise müssen Sie meistens erst einmal mehr Zeit investieren, wenn Sie Ihre Kinder ihre Probleme und Aufgaben selbst lösen lassen. Stellen Sie sich vor, Ihr Sohn versteht eine Matheaufgabe nicht. Es geht viel schneller, ihm den richtigen Rechenweg vorzusagen, als ihm Hosenknöpfe zusammenzusuchen, damit er sich die Aufgabe mit Anschauungsmaterial legen und selbst erschließen kann.

Ein Kind seine eigenen Lösungen finden zu lassen, dauert oft länger und erfordert oft einen höheren Einsatz von uns, als ihm zu »helfen«, indem wir alles mundgerecht und fix und fertig auf dem Silbertablett servieren.

Doch die Zeit und Mühe lohnt sich. Machen Sie es dem Kind möglichst einfach, selbstständig zu sein:

- Investieren Sie z. B. in gutes, vollständiges Schreibzeug und eine gute Beleuchtung am Arbeitsplatz. Oder wie wäre es mit einem sinnvollen Vokabellernsystem am Computer?
- Richten Sie eine Schublade oder Kiste in der Wohnung ein, wo das Kind sich selbstständig Karteikarten, Ersatzpatronen oder Kleber holen kann.
- Geben Sie regelmäßig benötigten Dingen wie dem Sportzeug oder dem Locher einen festen Platz.
- Üben Sie gemeinsam den Umgang mit Telefon und PC.
- Falls Ihr Kind etwas im Internet recherchiert, dann lassen Sie es nicht ziellos suchen. Auf Seiten wie www.blinde-kuh.de oder www.schuelerlexikon.de findet es altersgerechte Informationen.

Übers Fordern und Überfordern

»Wir leben in einer Leistungsgesellschaft.« Oft wird dieser Begriff als Schimpfwort gebraucht. Dabei ist deren schlechter Ruf eigentlich nicht gerechtfertigt. Leistung ist erst mal etwas Gutes. Erinnern Sie sich an das gute Gefühl, als Sie die Joggingrunde zum ersten Mal ohne anzuhalten geschafft haben? Oder an die zufriedene Müdigkeit, nachdem Sie den ganzen Laden souverän alleine geschmissen haben, als Ihre Kollegen krank wurden?

Leistung beflügelt uns. Auch Kinder möchten von Natur aus etwas leisten. Es ist nicht die Leistung, unter der Kinder und Eltern leiden, sondern die Überforderung!

So gesehen ist es oft eher eine Überforderungsgesellschaft, in der wir leben. Das ist ein kleiner, aber feiner Unterschied. Schon Steinzeitfamilien lebten in einer knallharten Leistungsgesellschaft, in der ein einziger unbedachter Moment den Mammutjäger ohne Rücksicht auf Kündigungsfristen den Job (und das Leben) kosten konnte. Trotzdem waren Schulpsychologen und Burn-out-Sprechstunden zu dieser Zeit überflüssig.

••••• **Leistung macht glücklich. Überforderung macht unglücklich.** •••••

Anders als bei uns und unseren Kindern. Pausenlos prasseln Handytrends und Kulturtipps, Facebook-Einträge, Emailanfragen und Versicherungsempfehlungen auf uns ein, und wir haben eigentlich nie mehr das Gefühl, den Ansprüchen gerecht zu werden und endlich einmal alles, alles erledigt zu haben. Geben Sie Leistung in Ihrem Familienleben den richtigen Stellenwert:

Sie haben viel zu tun? Herzlichen Glückwunsch! Stöhnen Sie auch ständig darüber, dass Sie so viel erledigen müssen? Erzählen Sie Ihrem Kind doch lieber mal, wie gut es sich anfühlt, eine Arbeit zu haben. Zeigen Sie ihm, dass es sich lohnt, sich ins Zeug zu legen.

Platz für Mittelmäßigkeit: Man kann nicht in allen Bereichen gleichzeitig Höchstleistungen bringen. Gibt es im Leben Ihrer Kinder genügend leistungsfreie Räume, oder erwarten Sie als Eltern auch beim Voltigieren, beim Zimmeraufräumen oder im Malwettbewerb der Sparkasse maximale Leistung?

Looser-Wellness: Eine sehr wirkungsvolle Entspannungsübung für Kinder und Erwachsene ist es, mal ganz bewusst ins Gegenteil zu verfallen: Zelebrieren Sie es, mit voller Absicht mit den Spagetti herumzusauen, sich beim Minigolf dämlich anzustellen oder sich den Bus vor der Nase wegfahren zu lassen.

Wo ist die Schmerzgrenze?

Manche Schulprobleme bekommt man leider auch mit viel Liebe und Verstand nicht in den Griff. Ständige Überforderung macht krank, und wenn es unserem Kind dauerhaft nicht gut geht, wird es Zeit, die Notbremse zu ziehen.

Sie als Eltern erkennen am besten den Moment, in dem Sie sagen müssen: »So geht es nicht weiter. Wir müssen etwas Grundsätzliches ändern.«

Suchen Sie das Gespräch mit den Lehrern und fragen Sie nach deren Meinung. Wäre es gut, die Klasse zu wiederholen oder an eine Schule zu wechseln, die besser zu unserem Sohn oder unserer Tochter passt? Oder gibt es

Wo ist der Punkt, an dem wir aufhören sollten, darauf zu drängen, dass das Kind sich ändert, und stattdessen dafür sorgen, dass die Situation sich ändert?

vielleicht noch ganz andere Ideen, wie wir als Erwachsene etwas Gundsätzliches verändern können?

Kinder geben immer ihr Bestes und wollen, dass ihre Eltern stolz auf sie sind. Es ist belastend für ein Kind, wenn es immer wieder erlebt, dass es der Grund für Mamas und Papas sorgenvolle Blicke und deren Beratungsgespräche mit den Lehrern ist. Es schwächt sein Selbstwertgefühl, wenn es immer wieder das Gefühl bekommt: »Die Erwachsenen wünschen sich, dass ich mich verändere. So, wie ich jetzt bin, ist es nicht in Ordnung.«

Manchmal fällt Kindern ein riesiger Stein vom Herzen, wenn Eltern die Dinge in die Hand nehmen und diesen Leistungsdruck beenden.

Vermeiden Sie den Eindruck, das Wiederholen einer Klasse oder der Schulwechsel sei eine Strafe oder Niederlage. Erklären Sie dem Kind lieber, dass Sie seine Situation verbessern wollen. Wecken Sie seine Vorfreude darauf, dass ihm die Schule und das Lernen wieder mehr Spaß machen werden.

Kinder sind unterschiedlich

Allgemein gilt als ungeschriebenes Gesetz: »Je klüger ein Kind ist, desto besser sind seine Noten.« Manchmal stimmt das. Oft stimmt es nicht. Mindestens so wichtig für schulischen Erfolg ist nämlich, welcher Typ Mensch man ist. Eigentlich sagen Zeugnisse also vor allem eines aus:

> Je besser sich ein Kind an unser Schulsystem anpassen kann, desto besser sind seine Noten.

Mit Intelligenz hat das erst einmal noch herzlich wenig zu tun! Und mit Zufriedenheit und Erfolg im späteren Leben schon gar nicht.
Es gibt halt die unterschiedlichsten Persönlichkeiten. Zwei Typen, die sehr gegensätzlich sind, möchte ich Ihnen als Beispiel kurz vorstellen. Nennen wir sie zur besseren Unterscheidung den Salz- und den Zuckertyp.

Die Schule wird einem Kind wahrscheinlich leicht fallen, wenn es dem SALZ-Typ angehört:

- Es meldet sich viel und ist gut organisiert. Es hat eine schöne Schrift.
- Es ist selbstständig, lässt sich aber auch etwas sagen.
- Es lässt die Dinge emotional nicht zu weit an sich herankommen und kann deshalb über Ungerechtigkeiten hinwegsehen.
- Es kann viele Eindrücke verarbeiten.
- Es ist flexibel, kann den jeweiligen Unterrichtsstil der ständig wechselnden Fach- und Vertretungslehrer adaptieren und sich deren Wünschen anpassen.
- Es hat sich selbst so unter Kontrolle, dass es auch unsinnig scheinende Aufgaben ausführen kann, ohne sich aufzuregen.
- Es kann Situationen genießen, in denen es um Konkurenz geht und darum, die anderen zu überbieten.

Schwerer hat es Ihr Kind vermutlich, wenn es zum Typ ZUCKER gehört:

- Es ist sehr sensibel und nimmt viele Reize auf.
- Es braucht viel Zeit, um diese intensiven Eindrücke zu verarbeiten.
- Es hat ein großes Unrechtsbewusstsein und ist sehr empathisch.
- Es wird stark von seinen Gefühlen gelenkt. Deshalb kann es sich nicht mehr gut auf den Unterricht konzentrieren, wenn es einem Klassenkameraden schlecht geht.
- Es schreit nicht automatisch »Ich!«, sondern wartet erst einmal ab.
- Es denkt gründlich nach, bevor es handelt.
- Es tut sich schwer mit Arbeitsanweisungen, in denen es keinen Sinn sieht.
- Es ist bescheiden und fühlt sich vom Gedanken, die anderen zu überbieten und zu überflügeln, unangenehm berührt. Ihm ist das Gemeinschaftsgefühl wichtiger, als sich von anderen abzuheben und im wahrsten Sinne des Wortes »einsame Spitze« zu sein.

Dass »Zucker-Typen« keineswegs schlechter oder dümmer sind, muss ich nicht extra betonen. Ihre Charakterzüge sind zweifelsohne Stärken, auch wenn in der Schule meist andere Wesenszüge von Vorteil sind.
Es kann Schulstress reduzieren, wenn Sie sich und Ihrem Kind vor Augen führen, was Spitzenköche schon seit Langem wissen:

> Zwischen Salz und Zucker gibt es kein Besser und kein Schlechter, sondern nur ein *Anders.*

Und natürlich gibt es auch noch unzählige weitere Charaktertypen. Vielleicht ist Ihr Kind ja eines der Curry-Sorte? Oder eine sehr kostbare und seltene Oregano-Kandis-Variante? Wichtig für eine schmackhafte Küche sind alle Typen. Öffnen Sie Ihrem Kind die Augen für seine ganz persönlichen Stärken. Zeigen Sie ihm, dass auch Eigenschaften wie Zurückhaltung, Empathie und Rücksichtnahme Vorteile bringen.

Werden Sie zum Fanclub Ihres Kindes

Egal wie engagiert Kinder, Eltern und Lehrer auch sind, natürlich läuft auch bei den besten Schülern nicht alles reibungslos. Meistens schlagen Eltern sich in einer solchen Situation dann auf die Seite der Lehrer: »Frau Kirsch hat recht. Du musst wirklich besser aufpassen …« Sparen Sie sich Vorwürfe, wenn irgendetwas nicht klappt! Ihr Kind ist über seine Misserfolge mindestens genauso betrübt wie Sie.

Kinder brauchen uns nicht als Mahner und Antreiber. Sie brauchen uns als treuen Fanclub und solidarische Unterstützer.

Wenn wir wollen, dass unserer Kinder erfolgreich sind, dann ist es unsere Aufgabe, sie zu unterstützen, zu trösten und zu loben. Wenn wir es nicht machen, wer wird es dann tun? Entstressen Sie schwierige Situationen und verwöhnen Sie Ihr Kind lieber mit einer Extraportion Zuversicht statt mit säuerlichen Vorwürfen, indem Sie ihm signalisieren:

»Ich bin auf deiner Seite. Von mir kannst du Hilfe und ein Mut machendes Wort erwarten.«
»Ich liebe dich so, wie du bist.«
»Du schaffst das schon.«
»Ich bin stolz auf dich.«
»Ich zeige dir, an welchen Stellen deine Stärken liegen und wo du schon Fortschritte gemacht hast.«
»Das ist keine Katastrophe. Wenn du möchtest, überlegen wir zusammen, wie du es beim nächsten Mal besser machen kannst.«

Das Zauberwort heißt: Wertschätzung

Kommen wir zum besten Mittel gegen Schulstress, das ich kenne: Loben Sie! Und beschränken Sie sich nicht nur auf Ihren Nachwuchs, sondern verteilen Sie auch kräftig an Lebenspartner, Mitschüler, Lehrer und nicht zu vergessen: sich selbst!

Dem Zauber positiver Bestätigung kann sich einfach so gut wie niemand entziehen. Wofür aber sollen wir unsere Kinder loben, fragen Sie sich vielleicht, wenn das Arbeitsheft vor Fehlern nur so strotzt und wir regelmäßig von der genervten Lehrerin in die Schule zitiert werden?

Was Ihr Kind leistet, das mag noch nicht perfekt sein, aber es ist allemal wert, dass Sie es möglichst oft und von Herzen loben.

••••• Sprechen Sie Dinge aus, die funktionieren. So oft wie möglich. •••••

Wertschätzung ist das Multifunktionsgerät in Ihrem persönlichen Stressbaukasten. Sie setzt Kräfte frei, gibt Selbstvertrauen und stärkt die Beziehung zwischen Ihnen und Ihrem Kind.

»Aber ich kann mein Kind doch nur für etwas Außergewöhnliches loben.« Stimmt das eigentlich?

Vielleicht wundern Sie sich und sagen: »Viele Dinge, die mein Kind tut, sind selbstverständlich und werden von einem Schulkind dieses Alters nun mal erwartet!« Das stimmt. Seinen Namen auf Arbeitsblätter zu schreiben, seine Hausaufgaben zu machen oder das kleine Einmaldrei auswendig zu können – auf den ersten Blick sind das alles keine Besonderheiten. Aber deshalb können wir unsere Kinder ja trotzdem für diese Dinge wertschätzen. Nicht überschwänglich und übertrieben, sondern ehrlich und mit entspannter Beiläufigkeit. Dass das meiste Normale so selbstverständlich gar nicht ist, merken wir meistens erst dann, wenn es mal fehlt.

Denken Sie: »Wenn ich lobe, obwohl die Noten, Hausaufgaben und das Verhalten unseres Kindes noch sehr verbesserungswürdig sind, dann ist die Motivation weg. Dann gibt sich das Kind ja keine Mühe mehr«? Das Gegenteil ist der Fall.

> Je schwerer einem Kind etwas fällt, umso nötiger braucht es diese Ermutigung. Kritik macht Motivation kaputt. Lob vervielfacht sie!

Denken Sie: »Aber man lernt doch vor allem dadurch, dass man seine Fehler gezeigt bekommt«? Auch das stimmt nicht. Denn das, was man immer wieder vor Augen geführt bekommt, das prägt sich besonders ein. Sinnvoller ist es, sich mit den Stärken zu beschäftigen, mit schon gut Gemachtem, mit dem, wie es sein soll. Jemandem, der sich verfahren hat, bringt es auch nichts, ihm auf der Straßenkarte immer wieder Wege aufzuzeigen, die nicht zum Ziel führen.

Wenn Sie möchten, dass Ihr Kind erfolgreich und entspannt durch die Schule kommt, dann vergessen Sie Punkteverteilungen und Klassenspiegel und zeigen Sie ihm, dass es genau jetzt und heute schon auf einem guten Weg ist:

- »Toll, dass du so viel Ausdauer hast.«
- »Wie sauber du geschrieben hast.« (Auch wenn der Inhalt noch sehr mager ist.)
- »Der Aufsatz ist sehr spannend, gerade der Schluss ist originell. Und du hast tolle Geschichtenwörter benutzt.« (Auch wenn das ganze Blatt von Rechtschreibfehlern nur so wimmelt).
- »Die Mathearbeit ist dir schwer gefallen. Aber schau mal, hier hast du gut nachgedacht. Das war schon der richtige Ansatz für die schwere Textaufgabe.«
- »Ich finde es super, dass du so am Ball bleibst und dich nicht unterkriegen lässt. Du bist eine richtige Kämpferin. Und man sieht ja schon, dass es Wirkung zeigt.« (Wenn die Tochter lange Vokabeln geübt hat und statt vierzehn Fehlern diesmal nur zehn hat.)

Fünfen schreiben macht Spaß

»Aber ich kann doch meinen Sohn nicht für seine schöne Schrift loben, wenn er einfach eine absolute Sauklaue hat. Das wäre doch gelogen. Oder?«

Wetten, Sie können durch ein ernst gemeintes Lob die Handschrift Ihres Sohnes verbessern? Als Lehrerin und Mutter habe ich die Erfahrung gemacht, dass dieses Prinzip so gut wie immer funktioniert:

Stellen Sie sich vor, Sie schauen Ihrem Erstklässler bei den Hausaufgaben über die Schulter und sagen: »Schreib doch mal ordentlicher. Du hast ja überall über die Linie geschrieben! Und hier, die Fünfen sind alle verkehrt herum. Das musst du noch mal machen.« Die Reaktion des Kindes und seine Stimmung für den Rest des Nachmittags können Sie sich leicht vorstellen.

Die Alternative: Sie gehen zu Ihrem Sohn, lächeln ihn an und fragen: »Du bist ja so fleißig, da bin ich neugierig. Darf ich mal gucken?« Nach einem Blick über seine Schulter sagen Sie:

»Weißt du, welche deiner Fünfen mir sofort aufgefallen ist? Die da oben in der Ecke. Das ist meine Lieblingsfünf. Guck mal, die sieht ja aus wie gedruckt. Wunderschön. Da bist du genau in der Linie geblieben. Und der Balken oben zeigt genau in die richtige Richtung. Toll. Die beiden hier unten links gefallen mir auch, aber die Fünf dort oben ist am besten. Prima machst du das!«

Was wird passieren? Ihr Kind wird seine Hausaufgaben motiviert zu Ende machen. Und mit großer Wahrscheinlichkeit wird es alles daransetzen, noch so eine tolle Fünf zu schreiben.

••••• Loben hängt nicht von einer »Mindestleistung« ab. •••••

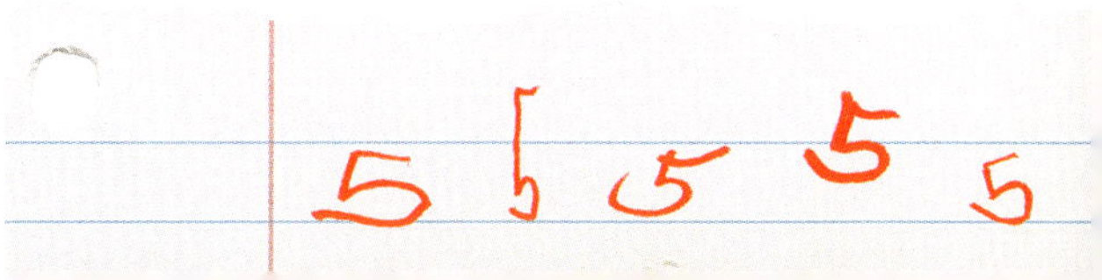

Hausaufgabentipps, die Kindern und Eltern helfen

Kaum hat Marek nachmittags seine Hefte und Bücher aufgeschlagen, tönt es auch schon aus seinem Zimmer: »Komm mal, Mama, ich kann das nicht …«

Kennen Sie das? Meistens brauchen Kinder in dieser Situation ja nicht wirklich fachliche Hilfe, sondern Aufmerksamkeit und Motivation, um überhaupt erst einmal in die Arbeit hineinzukommen.

Einem Kind zu helfen, ohne ihm die Arbeit abzunehmen, das kann z. B. so aussehen: »Die Aufgabe ist schwierig? Dann lesen wir doch mal, was da steht. Mal sehen, ob das weiterhilft.« Sie zeigen mit dem Finger auf den Aufgabentext. Das Kind liest ihn vor, nicht Sie!

Halten Sie nach dem Vorlesen der Aufgabe bewusst den Mund. Fangen Sie nicht sofort an, ihm die Aufgabe zu erklären! In dieser kurzen Stille wird der Kopf Ihres Kinders selbst anfangen zu denken.

> Erklären Sie Ihrem Kind möglichst selten etwas. Lassen Sie sich stattdessen möglichst viel von Ihrem Kind erklären.

Weitere Gedankenanstöße können sein: »So, dann wollen wir mal sehen, ob wir herausfinden, was damit gemeint ist.« Gedankenpause. Oder: »Hier sehe ich eine Tabelle. Da soll man wohl etwas eintragen, was?« Gedankenpause. Oder: »Meinst du, hier im Text könnte etwas stehen, was dir weiterhilft?«

Das Ziel unserer Hilfe sollte es immer sein, dass ein Kind seine Hausaufgaben irgendwann ganz alleine macht. Manche Kinder unterstützt es allerdings, ein Gegenüber zu haben, dem sie ihre Gedanken und Vorgehensweise erzählen können. Gerade Schulanfänger brauchen manchmal einen »Zuschauer«, der sie durch seine wohlwollende Aufmerksamkeit zum Weitermachen motiviert.

Stänkerstopp

Hausaufgaben sind für Kinder und Eltern ein ständiger Anlass für Streit und schlechte Stimmung.

Weigern Sie sich, den Schreibtisch zum Kampfplatz zu machen. Beschließen Sie still und heimlich, der schlechten Laune jede Mitarbeit zu verweigern. Unterbrechen Sie die Hausaufgaben, wenn die Stimmung zu kippen droht:

••••• Ein Kopf, der sich ärgert oder traurig ist, kann nicht mehr gut nachdenken. •••••

Sobald es also Frust und Tränen gibt, sagen Sie innerlich »STOPP!« und erklären Sie möglichst ruhig und freundlich: »Hör mal, ich glaube, für diese Aufgabe ist gerade nicht der richtige Moment. Lass uns fünf Minuten Pause machen. Wir merken ja beide: Jetzt geht es gerade nicht.«

Das soll nicht heißen, dass Sie Ihr Kind sofort aus seinen Pflichten entlassen, sodass es lernt: »Prima, sobald ich einen Wutanfall bekomme, muss ich nicht mehr weitermachen und darf spielen gehen.« Es geht vielmehr darum, den Teufelskreis von Hausaufgaben und schlechter Stimmung zu unterbrechen. Nach fünf Minuten hat sich die Lage meist entspannt: »Willst du es jetzt noch mal versuchen? Komm, wir schauen es uns mal zusammen an. Ich bin sicher, jetzt kommst du auf die Lösung.«

Wir Eltern denken oft, wir müssten unsere Kinder dazu bringen, ihre Hausaufgaben zu machen. Dabei müssen wir sie in erster Linie dazu bringen, zu begreifen: Für meine Hausaufgaben sind nicht Mama oder Papa, sondern ich selbst verantwortlich.

Buntstifte für Beppo Straßenkehrer

Manchmal sieht ein Kind seine Hausaufgaben als einen Riesenberg vor sich, der keinen Anfang und kein Ende zu haben scheint. Dann kann man helfen, wenn man ihm die Arbeit in überschaubare Häppchen einteilt.

Meine Tochter hatte einmal die Hausaufgabe, in ihrer Mappe 20 Rechtschreibfehler zu verbessern. Sie war ganz verzweifelt, denn 20 war eine Zahl, die ihr unmöglich zu bewältigen schien. Ich habe ihr damals 20 Buntstifte in einem Körbchen vor die Nase gestellt. Für jeden korrigierten Fehler durfte sie einen Stift in einen zweiten Korb daneben legen. Jetzt hatte sie einen Überblick über das Pensum. Mit jedem Stift, der in den Korb wanderte, stieg ihre Laune und wuchs ihre Motivation.

Den Trick mit den Buntstiften kannte ja auch schon Beppo Straßenkehrer aus »Momo«, wenn er eine besonders lange Straße zu kehren hatte:

»Man denkt, die ist so schrecklich lang; das kann man niemals schaffen … Man darf nie an die ganze Straße auf einmal denken, verstehst du? Man muss nur an den nächsten Schritt denken, an den nächsten Atemzug, an den nächsten Besenstrich … Auf einmal merkt man, dass man Schritt für Schritt die ganze Straße gemacht hat. Man hat gar nicht gemerkt wie, und man ist nicht außer Puste.«

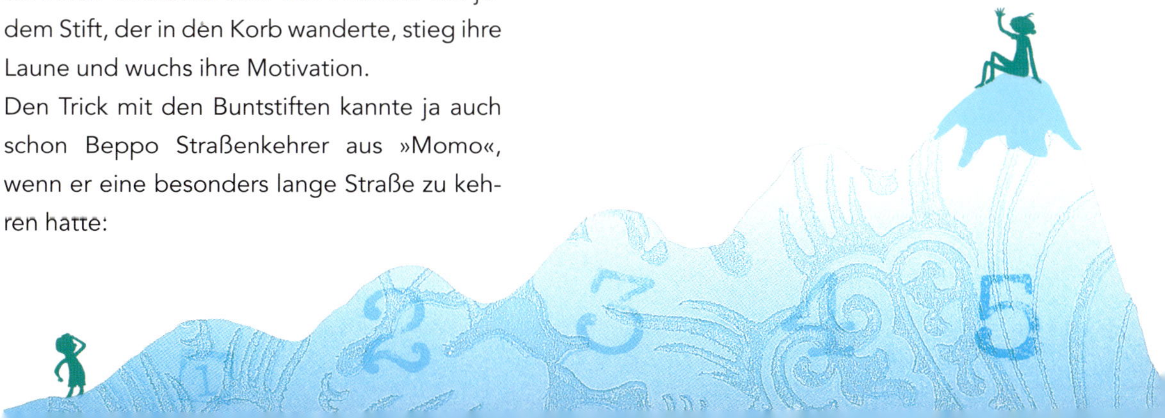

Lernen am Kamin

Versuchen Sie doch mal, die Hausaufgabenzeit nicht als notwendiges Übel zu betrachten, sondern besonders schön zu gestalten. Räumen Sie den großen Esstisch frei. Machen Sie eine Kerze an. Stellen Sie einen Teller mit kleingeschnittenem Obst in Griffnähe. Zelebrieren Sie die Hausaufgabenzeit als gemütliche Mittagspause für die ganze Familie.

Machen Sie nicht zu viele Worte

Manchmal überfluten wir unseren Nachwuchs regelrecht mit langatmigen Erklärungen. Zum Glück haben Kinder einen Filter eingebaut. Wenn zu viel auf sie einprasselt, rauscht das meiste einfach ungehört vorbei.

Gebrauchen Sie weniger Worte. Reden Sie lieber durch das, was Sie tun. Sagen Sie nicht: »Hör auf zu zappeln«, sondern machen Sie das Radio aus und werden Sie selber ruhig. Sagen Sie nicht: »Fang endlich mit deinen Hausaufgaben an«, sondern schlagen Sie das Heft auf und drücken Sie Ihrer Tochter mit einem freundlichen Augenzwinkern den Stift in die Hand.

Mischen Sie sich als Eltern nicht ein, solange es läuft.

Mehr Fragen als Antworten. Fragen Sie: »Wie könntest du vorgehen?« oder »Was meinst du? Hast du schon eine Idee, wie sich das Problem lösen lässt?« statt: »Du musst es so machen!«

Sagen Sie nicht, was getan wird, sondern machen Sie Angebote und überlassen Sie die Entscheidung möglichst oft dem Kind: »Mit welchem Fach möchtest du anfangen?« oder »Kann ich dir noch was helfen?« oder »Möchtest du, dass wir zusammen im Buch nachschauen?«

Akzeptieren Sie die Antwort. Sogar dann, wenn die Antwort Ihres Kindes lautet »Keine Lust« oder »Ich finde, das reicht so«. Selbstständig zu arbeiten und zu lernen, sich und seine Fähigkeiten einzuschätzen, ist viel wichtiger als fehlerfreie Arbeitsblätter.

Vertrauen Sie darauf, dass die Konsequenzen (wie z. B. »Am nächsten Tag als Einziger ohne Hausaufgaben in der Schule sein«) meistens wirkungsvoller sind, als von Mama oder Papa mithilfe von Geschimpfe und Fernsehverbot zum vollständigen Erledigen gedrängt worden zu sein.

Freunde sind wichtig

Was macht Kinder zu motivierten und entspannten Schulkindern? Genau das, was auch uns Erwachsene zu fröhlichen und motivierten Taxifahrern, Kinderärztinnen und Altenpflegern macht: Menschen sind die beste Motivation. Nichts wirkt sich stärker auf unsere Leistungsfähigkeit aus, als wenn wir uns von unseren Mitmenschen gemocht und akzeptiert fühlen.

Wenn sich Ihr Kind in der Klasse wohlfühlt, dann ist das die beste Voraussetzung dafür, dass es den Kopf frei hat und erfolgreich lernen kann.

Es wird Ihren Familienalltag erleichtern, wenn Sie die Freundschaften Ihres Kindes mindestens so wichtig wie seine Rechtschreibung nehmen:

Bieten Sie …

- Unterstützung: Helfen Sie bei Verabredungen. Suchen Sie die passende Telefonnummer heraus, und vielleicht gönnen Sie Ihrem Kind ja ausnahmsweise mal sogar einen elterlichen Aufräumdienst, damit am nächsten Tag genügend Platz für die geplante Lego-Stadt auf dem Teppich ist?
- Interesse: Fragen Sie nicht »Wie war's? Habt ihr die Arbeit zurück?«, sondern »Wie war's? Habt ihr schön Fußball gespielt?«
- Lob: Unterstützen Sie freundschaftliches und solidarisches Verhalten: »Das finde ich toll, dass du Maja geholfen hast.«
- Trost: Bestrafen Sie Ihr Kind auf keinen Fall für schlechte Noten, indem es seine Freunde nicht treffen darf! Bestrafen Sie Ihr Kind überhaupt nicht für schlechte Noten. Schlechte Noten sind schon Strafe genug.

Gerade in Zeiten, in denen es nicht rund läuft, braucht Ihr Kind seine Freunde besonders.

- Prioritäten: Verschwenden Sie nicht zu viel Zeit am Schreibtisch. Setzen Sie lieber ab und zu mal eindeutige Prioritäten: »Schluss für heute, du willst doch nicht zu spät zu Leo kommen. Mathe ist wichtig und ich finde es wirklich prima, dass du dir so viel Mühe gegeben hast, aber Leo ist jetzt wichtiger.«
- Normalität: Machen Sie es Ihrem Kind nicht unnötig schwer, sich in der Klasse zu integrieren. Schicken Sie Ihren Sohn nicht absichtlich in einer selbstgeklöppelten Badehose zum Schwimmunterricht, nur weil Sie ein Zeichen gegen kommerziellen Markenwahn setzen wollen. »Normal sein« ist ein hoher Wert für Kinder, der ihnen das Leben sehr erleichtert.

Immerhin gehört die Fähigkeit, Freundschaften einzugehen und gute Beziehungen zu gestalten, zu den wichtigsten Dingen, die Ihr Kind in seinem Leben lernen muss. Nicht nur im Privaten, auch in der Berufswelt zählen die sogenannten »Soft skills« wie z. B. Teamfähigkeit sehr viel mehr als auswendig gelerntes Faktenwissen.

Mit Einstein, Platon und Goethe kommt Ihr Kind ziemlich weit im Leben, aber mit Mia, Tom und Luca kommt es heutzutage sehr viel weiter.

Mensch, Lehrer!

Es gibt Schauspieler, Buchhalter, Sozialarbeiter, Seelsorger, Logopäden, Eventmanager, Geschichtenerfinder, Tierpfleger, Stimmungsmacher, Musiker, EDV-Berater, Streitschlichter und Stadtführer. Und dann gibt Lehrer. Die sollen all die Fähigkeiten der genannten Berufssparten gleichzeitig beherrschen. Lehrer werden in dem, was sie zu leisten imstande sind, oft hoffnungslos überschätzt:

••••• **Lehrer sind Menschen. Nicht mehr und nicht weniger.** •••••

Es ist nicht gut, wie wir mit diesem Beruf umgehen. Lehrer haben einen großen Einfluss auf unsere Kinder, und deshalb sollte es uns einiges wert sein, dass sie ausgeruht und motiviert sind. Lehrer zu sein ist ein Knochenjob. Jeder von uns, der schon mal den blonden Sören aus der 4c zu Gast hatte oder nach Schulschluss in der vor allem von Schülern genutzten Linie 5 saß, bekommt eine kleine Ahnung davon.

Die meisten Lehrer machen diesen Job, weil sie Kinder mögen und ihnen helfen wollen, erfolgreich und mit Spaß zu lernen. Wie in jedem anderen Beruf gibt es aber leider auch hier zynische, unorganisierte oder unfreundliche Exemplare.

Scheuen Sie sich nicht, einzugreifen, wenn Ihnen etwas untragbar vorkommt. Aber übertragen Sie Ihre schlechten Erfahrungen nicht pauschal auf die vielen guten Lehrer, die Ihr Kind jeden Tag mit viel Geduld, Verstand und Engagement unterrichten.

Lehrer brauchen besonderen Respekt. Nicht, weil sie perfekt sind, sondern weil sie eine sehr anspruchsvolle und wichtige Arbeit machen.

- Versuchen Sie es mal mit Verständnis. Gehen Sie mit der Auffassung an die Sache heran: »Frau Schiller tut, was sie kann.« Fragen Sie nach, wenn Ihnen etwas spanisch vorkommt, oder sagen Sie sich im Zweifelsfall: »Ich verstehe ihr Verhalten nicht, aber sie wird schon ihre Gründe haben.«
- Machen Sie einen Termin aus, wenn Sie einen Lehrer sprechen wollen. In ihren angeblichen »Pausen« müssen Lehrer kopieren, Streit schlichten, die Fragen der Referendarin beantworten, die Hundertertafeln aus dem Materialraum holen, Svenjas Eltern anrufen, damit sie ihre magenkranke Tochter abholen, und noch schnell das Erbrochene im Klassenraum aufwischen.
- Erzählen Sie es den Lehrern, wenn Ihnen etwas gut gefallen hat. In der Regel treten Eltern immer nur dann in Erscheinung, wenn es Probleme gibt oder sie sich beschweren wollen.
- Denken Sie daran, dass dieser Lehrer noch viele andere Schüler hat. Er muss Ihr Kind nicht lieben, sondern nur unterrichten.

Eltern-Voodoo

Offensichtlich gehören Sie zu den Eltern, die sich engagiert um ihr Kind kümmern. Welch ein Glück! Was aber, wenn Ihnen die ständigen schulischen Probleme und Ärgernisse über den Kopf wachsen? Hier eine Entspannungsübung, die hilft, den Elternstress um das Thema »Schule« wieder zu reduzieren:

••••• Praktizieren Sie Eltern-Voodoo. •••••

Machen Sie sich selbst zur Voodoopuppe. Zelebrieren Sie alle Veränderungen, die Sie sich für Ihr Kind und seine schulische Situation wünschen, stellvertretend an sich selbst:

- Bevor Sie sich weiter über die Unordnung Ihres Kindes aufregen, entmisten Sie erst einmal Ihren eigenen Schreibtisch.
- Der Lehrer hält sich nicht an Absprachen? Halten Sie selber Wort und gehen Sie wie versprochen am Wochenende mit Ihren Kindern zum Schwimmen.
- Sie wünschten, Ihr Sohn wäre ehrgeiziger? Gehen Sie mit gutem Beispiel voran und starten Sie im Job ein neues Projekt.
- Ihre Tochter leidet an Aufschieberitis? Setzen Sie sich heute noch an die überfällige Steuererklärung.
- Die Lehrerin schimpft nur? Gehen Sie mit einem Lächeln zur Arbeit und verteilen Sie Komplimente an die Kollegen.

Eltern-Voodoo wirkt auf dreifache Art:

1. Wir sind unseren Kindern Vorbild. Das bleibt nicht ohne Wirkung auf deren Verhalten.

2. Es hilft dabei, die Dinge wieder im richtigen Verhältnis zu sehen. Wir erleben am eigenen Leib, dass wir die Ansprüche reichlich hochgehängt haben und unsere Forderungen vielleicht nicht ganz realistisch sind. Als Erwachsene schaffen wir es eben auch nicht, immer pünktlich zu sein, uns zu einer ungeliebten Aufgabe aufzuraffen oder Ordnung zu halten.

3. Außerdem sind wir auf diese Weise mehr mit uns selbst beschäftigt und lassen unsere Kinder ihr eigenes Leben leben. So laufen wir weniger Gefahr, zu jenen anstrengenden Supereltern zu werden, die ihre Unzufriedenheit oder ihr perfektionistisches Über-Ich unbewusst mithilfe ihrer Kinder zu kompensieren versuchen.

Auch Umwege führen ans Ziel

Unser Bildungssystem hat viele Schwächen, keine Frage. Es hat aber auch einen großen Vorteil: Es lässt sehr viele unterschiedliche Wege zu. In Deutschland können Sie eine Klasse wiederholen oder eine überspringen. Sie können von einer Schulform auf die andere wechseln. Sie können Ihren Schulabschluss mit 16 an einer Regelschule oder mit 88 an einer Abendschule machen.
Widersetzen Sie sich bitte der Panikmache, die heute schon an den Elternabenden der Erstklässler beginnt, nur weil die Parallelklasse im Mathebuch drei Seiten weiter ist.

Machen Sie sich und Ihrem Kind immer wieder bewusst, dass es Zeit hat, sich zu entwickeln, auch wenn es den Schulweg nicht schnurgerade und geradeaus geht!

Meine Freundin Maria verließ das Gymnasium nach der 12. Klasse. Stattdessen machte sie eine Lehre als Tischlerin und absolvierte ein Jahr an der Fachoberschule.
Der Zufall führte sie als Tischlerin nach St. Petersburg. Nach ihrer Rückkehr beschloss sie, »Kulturgeschichte Osteuropas« zu studieren. Doch ihr fehlte das Abi! Also machte sie ganz strategisch ein Vordiplom an einer Fachhochschule, denn sie wusste: Auch damit durfte sie an die Uni wechseln.
Nach dem Studium erzählte ihr eine Nachbarin von einem Job in einer Buchhandlung. Sie bekam nicht nur die Stelle, sondern nebenbei auch zwei Kinder. Heute ist sie dank »Fernlehrgang Buchhandel«, der sich trotz Familie und Job von zu Hause aus organisieren ließ, eine sehr glückliche und engagierte Buchhändlerin. (Übrigens der Berufswunsch, der ihr schon als Kind vorschwebte.)

Maria ist kein Einzelfall. Sammeln Sie solche Beispiele. Sprechen Sie mit Ihren Mitmenschen und hören Sie sich ihre »Bildungsgeschichten« an.

Vertrauen Sie den Schlenkern und Kurven! Gerade die sind es, die uns letztendlich weiterbringen und unsere private und berufliche Persönlichkeit ausmachen.

Ihr Kind muss seinen Weg gehen und darf den Mut nicht verlieren. Das ist das Entscheidende, um irgendwann ans Ziel zu kommen. Und wie dieses Ziel aussehen wird, das können wir nicht im Vornherein wissen.

Mal angenommen, alle geben ihr Bestes ...

Lassen Sie uns zum Schluss noch einen Blick auf den zehnjährigen Leo werfen. Immerhin waren er und seine Familie heute wieder einmal in Bestform:

Leo hat im Unterricht ständig gequatscht und musste ermahnt werden. Seine große Schwester ist durch die Führerscheinprüfung gerasselt. Leos Mama hat wieder einmal vergeblich versucht, mit dem Rauchen aufzuhören. Und Leos Papa wollte auf dem Rückweg von der Arbeit noch einen Liter Milch mitbringen, hat es dann aber vergessen.

»Moment mal«, höre ich Sie sagen. »*Das* soll Bestform sein??!!« Oh ja, natürlich. Zugegeben, wenn wir unser Bestes geben, ist das Ergebnis noch lange nicht perfekt. Manchmal ist es sogar ziemlich unbefriedigend. Tatsache ist aber, dass wir alle uns bemühen, so gut es eben geht. Probieren Sie es doch mal mit der Einstellung:

••••• Jeder Mensch versucht sein Bestes! •••••

Selbst Leos Mathelehrerin, die gerade ungeduldig in der Klasse herumschnauzt, ist heute in ihrer ganz persönlichen Tagesbestform. Sie tut, was ihr trotz Migräne, Zeitdruck und 23 überdrehten Kindern möglich ist. Besser geht es eben gerade nicht.

Oft schauen wir Erwachsenen nur auf die Fehler unserer Kinder und jene Stellen, an denen noch etwas verbessert werden kann. Dabei lautet die Devise erfolgreicher Menschen eher: Persönlichkeit statt Perfektion.

Also warten Sie nicht länger auf »Null Fehler«. Beweisen Sie lieber Mut zur Lücke und geben Sie Ihrem Familienleben so oft wie möglich schulfrei.

Die Autorin

Stephanie Schneider ist freie Journalistin und Autorin des Bestsellers *Warum Mama eine rosa Handtasche braucht*. Sie wohnt mit Mann, zwei Kindern und drei Mäusen in Hannover. Als Mutter und frühere Grundschullehrerin kennt sie den Schulalltag von beiden Seiten und so empfiehlt sie zum Thema Schulstress immer nur das, was sie selbst erfolgreich ausprobiert hat.

www.stephanie-schneider.de

Der Illustrator

Kai Pannen studierte Malerei und Film in Köln. Seit 1990 arbeitet er als Illustrator und Trickfilmer. Ein Schwerpunkt seiner Tätigkeit ist die Buchillustration. Für den Kösel-Verlag zeichnete er u. a. die erfolgreichen Bücher mit dem Glücksschaf Oscar: *Kopf hoch!*, *Nur Mut!* und *Viel Glück!* Kai Pannen lebt und arbeitet in Hamburg.

www.kaipannen.de

Von Stephanie Schneider und Kai Pannen bereits erschienen:

Der kleine Streitberater
Familienkonflikte lösen mit Herz und Verstand
ISBN 978-3-466-30980-1

MIX
Papier aus verantwortungsvollen Quellen
FSC® C011124

Verlagsgruppe Random House FSC® N001967
Das für dieses Buch verwendete FSC®-zertifizierte Papier
LuxoSamt liefert Sappi, Biberist, Schweiz.

Umschlag: Oliver Weiss Design
Umschlagmotiv und Innenillustrationen: Kai Pannen
Druck und Bindung: Mohn Media, Gütersloh
Printed in Germany
ISBN 978-3-466-31016-6

Weitere Informationen zu diesem Buch und unserem
gesamten lieferbaren Programm finden Sie unter
www.koesel.de